DES GARANTIES

A DEMANDER

AU SUFFRAGE UNIVERSEL.

QUELQUES MOTS

SUR

LE SYSTÈME ÉLECTORAL,

OU

DES GARANTIES A DEMANDER AU SUFFRAGE UNIVERSEL.

La pensée qui a dicté le présent Opuscule
est plus ancienne que le projet en discussion
devant l'Assemblée nationale. Si l'auteur ne
s'est pas rencontré avec le législateur sur les
moyens, il croit être d'accord avec lui pour le
but, et espère que ses intentions seront ap-
prouvées de tous les bons citoyens.

QUELQUES MOTS

SUR LE SYSTÈME ÉLECTORAL,

OU

Des Garanties à demander au Suffrage universel.

Le suffrage universel est devenu la base de nos institutions.

Une catastrophe unique en son genre l'a rendu nécessaire et indispensable aux yeux de tous, avant que personne pût assurer qu'il fût possible. Si le passé ne nous avait pas rendu sceptique en ce qui touche l'avenir, si nous n'avions pas vu les prévisions les plus sages et les plus rationnelles démenties par l'évènement, nous serions tenté de dire qu'il doit rester à tout jamais la clef de voûte de notre organisation politique; nous dirons seulement que, selon toute probabilité, son empire sera de longue durée, et qu'aujourd'hui il pourrait difficilement disparaître sans des crises et des convulsions que nous sommes loin de souhaiter; mais doit-il conserver la forme sous laquelle il fonctionne aujourd'hui, ou, pour mieux dire, doit-il continuer de fonctionner sans aucune espèce de forme, sans aucun principe organique ?

Au moment où le suffrage universel faisait son apparition, cette position était forcée.

Quelle base aurait-on pu donner à un système électoral lorsque la France ne renfermait plus que des ruines ? Un affreux cataclysme avait englouti toutes les institutions qui avaient jusqu'alors fait la force du pays. La Royauté, qui s'était abdiquée elle-même et s'était retirée sans aucune résistance pour éviter l'effusion du sang, était lâchement et calomnieusement accusée de l'avoir répandu (1). Un gouvernement provisoire, qui d'abord devait *aviser concurremment avec les chambres* (2), cédant à la pression de la démagogie, avait déclaré dissoute la chambre des députés et interdit insolemment aux membres de *l'ex-chambre des pairs* de se réunir. La garde nationale de Paris voyait briser violemment ses cadres et placer arbitrairement à sa tête des hommes inconnus ou trop connus. L'armée, injurieusement exclue de Paris, se voyait frappée et dans la personne de généraux dont on brisait l'épée avant l'âge, et par le licenciement de l'héroïque garde municipale. Si quelque ombre d'autorité subsistait, c'était par suite de la nécessité impérieuse qui ne permettait pas de pousser le nivellement au-delà de certaines limites; mais ceux qui restaient encore investis de ces fonctions semblaient ne les exercer que par tolérance et être dépouillés du caractère respectable qui s'y attachait autrefois. L'ordre judiciaire lui-même s'était vu privé de cette inamovibilité qui faisait son prestige, et, selon une expression remarquable: « S'il y avait encore des personnes qui montaient sur un » tribunal et qui rendaient la justice, il n'y avait plus de » magistrats en France » (3). En un mot, l'impétuosité du torrent révolutionnaire d'un côté, et de l'autre l'absence de toute résistance de la part de tous ceux qui auraient dû être les défenseurs de l'ordre, avaient fait table rase de toutes les supériorités sociales. On en était venu à l'état d'une réunion d'hommes que la Providence aurait simultanément tirés du néant. Dans une pareille position, qui pouvait avoir mission pour tracer des règles au suffrage

(1) Proclamation du gouvernement provisoire du 24 février.

(2) Discours de M. Marie à la séance du 24 février 1848. *Moniteur* du 25.

(3) *Journal des Débats*, du 19 avril 1848.

universel d'où devait naître le nouvel ordre de choses ?
Ceux qui n'avaient pas respecté la hiérarchie des pouvoirs
établis par la Charte, pouvaient-ils en établir une nouvelle ?
Le suffrage universel se présentait forcément sous la forme
la plus radicale, avec une simplicité sauvage. Tout dans le
décret du gouvernement provisoire, trop fidèlement reproduit
par la législation postérieure, était la conséquence forcée
de l'état de démolition complète où nous avait mis la révolution de février. Tout s'expliquait par là, même la règle
irrationnelle de la majorité relative, car il fallait avoir des
représentants et les avoir le plus promptement possible. En
présence des efforts de la faction ultra-révolutionnaire qui
voulait empêcher la réunion des représentants du pays, ce
qu'il y avait de sentiments honnêtes et de patriotisme chez
quelques-uns des membres du gouvernement provisoire
devait les porter à hâter le plus possible l'arrivée d'une
assemblée qui fût au moins une autorité régulière ; exiger la
majorité absolue lorsque l'exercice de ce droit était si nouveau pour la plupart des citoyens, pouvait causer de dan-
gereux retards. La forme qui fut donnée au suffrage universel ne fut donc pas une nouvelle faute, mais la conséquence forcée de fautes antérieures.

Quant au pays, il était dans une de ces positions suprêmes
où l'on ne peut plus attendre de salut que de la Providence.
Et d'ailleurs, sans trop de confiance, on pouvait espérer que
d'un scrutin quelconque naîtrait un ordre de choses préfé-
rable à l'anarchie qu'avait amenée la chute du dernier gouvernement, et surtout à la dictature terroriste qui se prépa-
rait dans les clubs de Paris, et dont la garde nationale a mi-
raculeusement préservé la France dans la célèbre journée du
16 avril.

Les élections qui devront avoir lieu désormais, en vertu et
en exécution de la Constitution, devront-elles avoir le même
caractère que celles d'où est sortie la Constituante de 1848 ?

C'est demander si la France doit se trouver ainsi périodique-
ment tous les trois ans dans la situation qu'elle avait après le
24 février 1848, dans la situation d'un pays sans institutions,
sans principes et où l'autorité et la religion, la propriété et
la famille sont perpétuellement mises en question.

Dès que les représentants du pays furent réunis, ils se
placèrent sous la garantie de ces principes fondamentaux de
la société que la Providence ne permet pas aux hommes de
méconnaître longtemps. Ainsi, l'assemblée de 1848 proclama
l'existence des droits antérieurs et supérieurs aux lois positives, reconnut les droits de la famille, de la religion, de
l'industrie et du travail, l'inviolabilité des engagements pris
par l'Etat, déclaration remarquable et qui était le cri spon-
tané de la conscience, puisqu'elle émanait d'une assemblée
dont l'élection n'avait donné aucune garantie à ces principes
fondamentaux de l'ordre social. En proclamant ces principes,
les Constituants ont-ils voulu simplement décréter un ordre du
jour momentané, adopter un plan de conduite uniquement pour
les circonstances ? Est-il entré dans leur pensée que ces principes pussent sans inconvénient faire plus tard place à des
principes opposés, même contraires ? Non, ils l'ont dit eux-
mêmes ; ce sont des droits supérieurs aux lois positives. Ils
n'ont pas prétendu créer ces principes ; ils les ont proclamés
pour confondre les sophistes qui les blasphémaient. Mais
alors le premier devoir du législateur n'est-il pas de leur donner des garanties durables et d'empêcher la France de re-
tomber dans l'état de nihilisme politique et moral où elle se
trouvait lors des élections d'avril 1848. Il faut donc aban-
donner le radicalisme qui a présidé à ces élections et as-
seoir désormais celles à venir sur les principes que l'on
reconnaissait pour base de la Constitution.

Or, quelles garanties la loi électorale des 8-28 février,
15-18 mars 1849 donne-t-elle à la famille, à la religion, à
la propriété, à l'industrie, au droit des créanciers de l'Etat,

etc. ? Aucune, puisque la loi du 8 février 1849, comme le décret du 5 mars 1848, ne semble reconnaître que des individus. Or, rien n'est plus en désaccord avec les principes de la société que d'envisager toujours les individus qui la composent, abstraction faite des rapports qui les lient les uns aux autres, et sans tenir compte de la différence que l'âge, la fortune et les services publics peuvent mettre entre eux.

Le suffrage universel permet-il qu'il en soit autrement ? Oui, je le pense, et à cet effet je proposerais de substituer au suffrage uniforme un suffrage gradué et proportionnel. Tout le monde voterait ; mais le suffrage de chacun acquerrait de la valeur d'après l'âge, la position de famille, la profession, les services rendus, etc.

L'on considère comme un grand progrès dans l'ordre judiciaire le fait qu'au lieu de compter les témoignages, on les pèse : nous pensons, nous, qu'on aura pareillement fait un grand progrès dans l'ordre politique le jour où, au lieu de compter les suffrages, on les pèsera.

Comme dans l'état actuel des choses, tout Français âgé de 21 ans serait électeur et aurait un suffrage à exprimer ; mais à 40 ans son suffrage compterait double, et à 60 il compterait triple ; l'homme marié, le père de famille auraient également des droits particuliers.

La propriété doit avoir aussi sa garantie, si l'on ne veut pas être réduit à regarder comme lettre morte les paroles de la Constitution qui en font une des bases de la république. Je pense donc que les propriétaires fonciers, les manufacturiers, industriels ou fermiers doivent aussi jouir d'un suffrage particulier. Toutefois, il ne faudrait pas l'accorder indistinctement à tous les propriétaires ou industriels ; il ne faudrait pas que, par une acquisition illusoire ou simulée, on pût éluder les effets de la loi ; mais comme la grande propriété, ou du moins celle qui est relativement considérée comme telle, est la plus exposée aux attaques des novateurs, c'est elle qu'il faut préserver la première : la petite propriété n'aura jamais rien à craindre tant que la grande sera intacte. Je pense donc que ce suffrage particulier doit être uniquement accordé aux propriétaires payant une certaine cote d'impôts, avec la réserve toutefois que les fermiers des exploitations rurales, même n'étant pas chargés des contributions de leurs fermes, jouiront de ce droit concurremment avec les propriétaires. Par là on réalisera l'idée émise autrefois par le publiciste de *la Presse*, de l'impôt devenant une garantie pour la propriété.

La protection due au travail est plus difficile à assurer : la cause en est ancienne ; elle est dans cet esprit de radicalisme qui anima souvent la grande Assemblée constituante et lui fit commettre tant de fautes, malgré les remarquables talents et le patriotisme dont elle fit preuve. La plus grave de ses erreurs est d'avoir souvent détruit là où il fallait améliorer : c'est ce qu'elle fit à l'égard des corporations et institutions professionnelles ; au lieu de les modifier d'une manière à rendre leur existence compatible avec les principes de la liberté d'industrie consacrée par la loi du 17 mars 1791, la Constituante, par un décret du 14 juin suivant, détruisit complètement ces institutions.

Si par là on ôtait un grand obstacle à la liberté de l'industrie, on privait le travail d'un puissant stimulant et on lui enlevait de grandes garanties de moralité. Sous un régime qui eût conservé ces anciennes institutions, en retranchant seulement ce qu'elles avaient d'incompatible avec la liberté, il serait facile d'accorder aux supériorités professionnelles et ouvrières les droits que nous voudrions reconnaître à toutes les supériorités. Mais rien ne dit que les principes de la Constituante doivent longtemps encore subsister dans toutes leur rigueur : déjà la force des choses a amené le gouvernement à instituer dans les grandes villes des syndicats pour l'exercice des professions nécessaires à la vie : la boucherie, la boulangerie, etc. Ces syndicats ont été organisés par des règlements d'administration publique, dont la légalité n'a jamais été contestée ; sans compter d'autres chambres syndicales qui n'ont encore aucun caractère légal ni public, mais qui peuvent être le germe d'institutions utiles pour l'avenir. De plus, l'étude des questions relatives à l'amélioration du sort des classes laborieuses, question capitale aujourd'hui, et les institutions déjà préparées, telle que celle des caisses de retraite, pourront apporter des modifications aux principes de 1791. Dès à présent, on pourrait donner un rôle spécial aux syndics des professions, qui sont ou pourront être syndiquées. D'un autre côté, il ne faut pas oublier que l'institution des prud'hommes, telle qu'elle a été réorganisée par le décret du 7 mai 1848, est un commencement d'institution professionnelle qui pourrait entrer comme élément dans l'œuvre que nous proposons.

A l'égard des professions libérales, quelques-unes d'entre elles ont su conserver une organisation basée sur les principes des anciennes corporations qui permettent de ne pas mettre sur le même niveau le talent et la médiocrité, l'expérience de l'homme consommé et l'inexpérience du débutant, le travail et la négligence, l'intégrité et l'indélicatesse. Nous trouvons dans cette organisation des éléments importants pour le système électoral que nous voulons établir. Ainsi, les avocats, les notaires, les avoués, par leur organisation disciplinaire, accordent aux hommes supérieurs une distinction officielle dont le législateur peut faire la base d'un droit politique.

La médecine n'ayant jamais eu d'organisation semblable, ce droit ne pourrait guère être accordé qu'aux membres de son académie nationale.

Il est un autre ordre de supériorité qui joue un grand rôle dans l'organisation politique, ce sont les fonctionnaires publics.

Quelque opinion qu'on puisse avoir sur notre organisation et principalement sur notre organisation administrative, quelques réformes qu'on veuille introduire, on ne peut nier que notre état social ait besoin d'un grand nombre de fonctionnaires. On ne contestera pas que, pour exercer ces fonctions et surtout les plus relevées d'entre elles, il faut un degré d'intelligence qui ne se trouve pas chez tous les hommes ; on ne contestera pas que ceux qui les ont longtemps exercées doivent avoir une connaissance particulière des hommes et des choses. Ne devons-nous pas attribuer un poids tout particulier à leur suffrage, en tenant compte de la nature du rang et de l'ancienneté de leurs services. Les principes de la hiérarchie doivent être également observés en ce qui concerne les ministres des cultes reconnus par la loi.

A l'égard de l'armée, notre système électoral nous semble avoir une importance toute particulière.

Le danger du vote militaire, dans le système actuel, est généralement reconnu : je ne fais allusion à aucun fait particulier ; je ne sais jusqu'à quel point sont fondées les observations qui ont été faites, ainsi que les espérances de certains hommes sur les votes de l'armée ; mais je dis qu'il y a dans le fait de la participation de l'armée entière, et assistant pour ainsi dire en corps aux opérations électorales, un grand danger dont il est du devoir de l'homme d'Etat de se préoccuper. Il paraît difficile de concilier avec les exigences de la discipline l'exercice des droits électoraux et toutes les conséquences qu'il entraîne, le droit de discuter les candidats, l'égalité qui existe entre les électeurs. Ces dangers sont aggravés par le mode spécial de votation adopté par l'armée, mode nécessité par l'existence nomade des garnisons. Si le vote de l'armée pouvait se fondre avec celui de la population, il y aurait sans doute du danger ; mais le vote n'ayant plus aucun caractère militaire, il serait plus facile au soldat de se dire que le libre arbitre dont il use, dans l'exercice de son droit politique, expire à sa rentrée au quartier. Il n'en est pas ainsi : vingt, cent ou deux cents militaires, de grades différents, mais appartenant à un même département, ont à voter pour la représentation de ce département ; le scrutin vient les chercher dans la caserne : s'ils veulent s'éclairer sur le mérite du candidat qu'on leur propose, c'est entre eux seuls qu'ils le peuvent : la discussion comme le vote entre dans leurs rangs. Celui qui est revêtu du grade supérieur essaiera-t-il d'y apporter le tribut de ses lumières pour détromper la crédulité de quelques jeunes soldats ? Il risque de rencontrer un contradicteur dans son inférieur ; il doit craindre que la discussion ne fasse perdre l'habitude de l'obéissance. Il sera toujours partagé entre la crainte de compromettre son autorité et celle de laisser égarer l'esprit du soldat par de fallacieux discours ou des faits mensongers. Quand des votes, ainsi émis dans différentes parties de la France, dans des corps de troupe de différentes armes, sont réunis, et qu'il résulte de cette réunion de scrutins une majorité en faveur d'hommes de telle ou telle couleur, on dit que le vote de l'armée est en faveur de ces hommes, et l'on a raison ; car l'on a organisé un véritable vote militaire. Le soldat ne vote pas avec les autres citoyens ; en déposant son vote il ne fait pas abstraction de sa qualité de soldat. Mais alors comment faire abstraction de la hiérarchie, sans laquelle il n'y a pas d'armée. Il faut de deux choses l'une, ou que le vote de l'armée se confonde entièrement avec celui des autres citoyens, ou que la hiérarchie militaire apparaisse jusque dans le vote (1).

(1) Une comparaison peut servir à faire comprendre la différence des deux formes que peut avoir le vote de l'armée. Qu'un soldat, sortant de sa caserne à l'heure où aucun service ne l'y retient, entre dans une église et y assiste à l'office divin, il peut s'y rencontrer avec son supérieur et être placé sur le même rang que lui ou avant lui. La discipline n'en souffre pas : ce n'est ni comme officier ni comme soldat qu'ils assistent au service religieux, la hiérarchie militaire y reste étrangère ; mais s'il s'agit d'une cérémonie religieuse où des

On a proposé un autre moyen : d'exclure l'armée du vote. Tout en approuvant les motifs qui l'ont inspiré, je ne puis l'admettre. Quand un citoyen jouit du droit de suffrage, quelle que soit sa profession, et n'en eût-il aucune, comment exclure celui à qui la loi a imposé la plus glorieuse et la plus dure de toutes ? Restent donc les deux moyens que nous avons indiqués (1). Le premier n'est pas praticable, du moins, pour la partie mobile de l'armée. Quant au second, qui consiste dans le maintien de la hiérarchie, dans l'exercice du droit électoral, il n'est pas compatible avec le système de la loi du 18 février 1849, mais il l'est avec celui que je propose. En effet, on pourrait soit supprimer le vote militaire sans porter atteinte aux droits de ceux qui composent l'armée, soit conserver dans le vote les prérogatives de la hiérarchie. Ce dernier moyen serait l'application directe de la théorie que nous venons de développer. L'autre moyen en découle également. Il serait, en effet, possible d'établir que tout militaire n'exercerait pas ses droits tant qu'il serait présent à son corps ; mais qu'après sa sortie du service, il jouirait d'un suffrage particulier pendant un temps égal à celui qu'il a passé sous les drapeaux. Je pense que les deux moyens devraient être simultanément adoptés : en effet, le grand inconvénient du système actuel est le danger d'introduire la discussion jusque dans les rangs inférieurs de l'armée ;

troupes doivent assister, où une place distincte de celles des autres fidèles leur est réservée, la hiérarchie reprend ses droits ; chacun a sa place et son rang comme à la manœuvre ou à la parade, et le soldat attend le commandement de son officier pour présenter les armes et mettre le genou en terre devant la divinité.

(1) Le projet présenté à l'assemblée nationale le 8 mai apporte une grande amélioration en ce point, que le vote de l'armée ne sera plus proclamé d'une manière spéciale, ce qui est une anomalie avec le système du scrutin secret ; mais il ne remédie pas aux dangers de discussions politiques entre militaires, lesquelles sont inévitables sous le système actuel ; car des militaires appelés à voter pour leur département, quand ils seront dans un autre, et quelquefois dans un département qui ne vote pas en ce moment, sont amenés à discuter et à le faire exclusivement entre eux.

il serait moins grand si les individus gradés avaient seuls à exercer leurs droits, la masse de l'armée y restant étrangère. Nous pensons donc qu'il conviendrait d'établir que les individus servant à titre de simples soldats seront seuls momentanément privés de la faculté d'exercer leurs droits, sauf la compensation que nous avons admise plus haut. D'un autre côté, toutes les supériorités, toutes les sommités sociales devant avoir leur place particulière dans notre système d'élection graduée, les sommités de l'armée ne peuvent manquer d'y trouver la leur, et son admirable hiérarchie s'y adapte merveilleusement. Ainsi donc, droit d'élection provisoirement suspendu, mais avec compensation pour le soldat, droit ordinaire pour le sous-officier, droit progressif pour l'officier.

Deux objections principales nous seront faites. On pourra dire que ce système n'est pas d'accord avec la Constitution et qu'il est contraire au principe d'égalité qu'elle consacre. On pourra aussi mettre en doute la possibilité de son exécution.

La dernière de ces objections est assez embarrassante, en ce sens qu'il est difficile de démontrer qu'une chose qui n'a jamais été tentée soit aisément réalisable. Cependant on trouvera dans notre organisation actuelle des opérations qui ont de l'analogie avec celle que nécessiterait le système proposé, et ces opérations se font sans grandes difficultés. Il faudrait établir le chiffre du vote, comme on établit le chiffre de l'impôt ; et quand on considère de combien d'éléments divers est composé le dernier, quand on considère notamment la classification si compliquée des patentes, on ne voit pas pourquoi l'on ne pourrait pas établir de même le tarif électoral, surtout quand on tient compte de ce fait, que les citoyens mettront plus d'empressement à faire constater leurs droits qu'ils n'en mettent à faire établir le chiffre de leur impôt. On n'est jamais pressé d'aller au-devant du percepteur, si ce n'est à l'époque où le cens était la base des droits politiques. Ce que nous proposons est-il d'ailleurs si complètement en dehors de tous précédents historiques? Ne trouvons-nous pas, au contraire, au berceau de l'histoire romaine un exemple de ce vote proportionné? La division du peuple romain en classes et en centuries sous Servius Tullius, cette combinaison dont Tite-Live fait un si juste éloge (1), n'avait-elle pas pour effet de donner à chaque citoyen un suffrage proportionné au degré de garantie qu'il donnait à la chose publique; mais ces garanties, on les cherchait uniquement dans la fortune; nous, nous les cherchons dans tout ce qui rattache l'homme à la vie politique et sociale; nous consacrons les droits ou plutôt les devoirs de la famille, de la propriété, de l'intelligence.

Pour la première objection, nous disons d'abord que ce système n'est pas contraire aux dispositions de l'acte constitutionnel, relatives aux élections, du moins au texte de ces dispositions. La Constitution dit seulement que le vote sera universel, sauf les exceptions qui peuvent être établies par la loi, direct et secret. En cela elle a poussé les prévisions plus loin que ne l'ont fait les Constitutions précédentes. Sous la monarchie, le secret des votes avait été prescrit par la loi (2); mais il ne fait pas l'objet d'un article de la Charte. La Constitution dit aussi que le vote a lieu par département et qu'aucune condition de cens ne peut être exigée pour établir la qualité d'électeur. Ces divers points exceptés, tout est entièrement à la discrétion du législateur. Le nom d'*organique*, donné à plusieurs lois, indique que ces lois étaient nécessaires pour la mise à exécution de la Constitution, et cela est particulièrement vrai de la loi électorale : la nou-

(1) Deinde est honos additus : non enim, ut ab Romulo traditum cæteri servaverant reges, viritim suffragium eàdem vi, eodemque jure promiscuè omnibus datum est : sed gradus facti, ut neque exclusus quisquam suffragio videretur, et vis omnis penes primores civitatis esset. (TIT.-L. lib. I., 43.)

(2) Lois 29, 30 juin 1820, art. 6. — 19, 23 avril 1831, art. 48.

velle Assemblée ne pouvait pas venir avant que les conditions de son élection n'eussent été réglées.

Mais il est incontestable que ces lois peuvent être abrogées
par la législature suivante, pourvu qu'elles soient rempla-
cées par de nouvelles lois qui n'aient rien de contraire à la
Constitution.

Je dis que le système proposé n'est nullement contraire
aux dispositions constitutionnelles sur les élections. En effet,
le suffrage est toujours direct et universel, puisque je ne
restreins en rien le nombre des électeurs, et qu'ils continueront à nommer non des candidats, mais des représentants.
Dira-t-on que nous sommes en opposition avec l'article 23,
qui porte que : seront électeurs, sans condition de cens, tous
les Français âgés de 21 ans, etc. Non, car nous n'ôtons pas
l'électorat à ceux qui ne paient aucun cens. Nous donnons
seulement à celui qui paie le cens un droit plus étendu ; ceux
qui n'en paient aucun continuent à jouir de leurs droits et en
jouissent proportionnément à leur âge, à leur position de
famille, fonctions, professions, etc. Nous ne touchons en rien
à l'article qui veut que l'élection ait lieu par département (1).

Nous ne détruisons pas non plus le scrutin secret. Chaque
électeur remettra un nombre de bulletins égal au nombre de
voix qui lui sont attribuées.

Mais, dira-t-on, cela n'est pas dans l'esprit de la Constitution, c'est contraire au principe d'égalité sur lequel elle est
basée. Quant à l'esprit de la Constitution, si l'on entend par là

______

(1) Pour ne pas entrer dans une discussion étrangère à l'objet prin-
cipal de cet opuscule, je ne parlerai pas de ce scrutin de liste dont les
effets sont pourtant si déplorables ; je ne demanderai pas si l'article
30 de la Constitution, en disant que les représentants sont nommés
par département, a réellement pour effet d'empêcher, d'une manière
absolue qu'il soit fait plusieurs colléges électoraux dans le même département. Ne pourrait-on pas dire cependant que, pour satisfaire au
vœu de cet article, il suffit que les circonscriptions électorales ne
soient pas en désaccord avec les circonscriptions départementales,
que le ressort d'un collége électoral ne puisse embrasser tout ou
partie de plusieurs départements?

les désirs intimes et les arrière-pensées de ses auteurs, je ne me crois pas obligé de les rechercher : dans une situation aussi grave que celle où nous nous trouvons, au milieu des embûches qui nous sont tendues, si l'on parvient à nous tirer des périls qui nous environnent, en respectant le texte de la Constitution, ce sera à mes yeux une œuvre suffisamment difficile et méritoire ; rechercher et respecter trop scrupuleusement l'esprit de la Constitution, c'est se créer bénévolement de nouvelles difficultés et de nouvelles complications. Le principe ou, pour parler le langage tant soit peu emphatique de la Constitution, le dogme de l'égalité est-il sérieusement blessé par le projet que nous proposons ? Il faut bien s'entendre sur ce qu'on doit appeler l'égalité : ce principe n'est pas nouveau ; il a été inscrit dans toutes nos Constitutions ; il est en tête des Chartes de 1814 et 1830, si éloignées pourtant du vote universel. Ces Chartes ont-elles méconnu en cela les conséquences de ce principe, ou bien le dogme de l'égalité de la Constitution de 1848 est-il autre que l'égalité devant la loi d'après la Charte ?

Le principe de l'égalité peut s'entendre de deux façons bien différentes ; ou il s'agit d'une égalité proportionnelle, où il s'agit d'une égalité absolue qui ne tient compte ni des circonstances ni des positions. L'égalité proportionnelle est chose juste et rationnelle : l'égalité absolue n'est jamais qu'une flagrante injustice. Pour certains objets, tout le monde sera de notre avis. Personne ne voudrait d'un système de contribution qui se réduirait à une capitation frappant indistinctement tous les citoyens et demandant autant aux pauvres qu'aux riches. Personne ne prétendra que le boiteux et l'aveugle doivent le service militaire aussi bien que l'homme sain et valide. Personne ne trouvera mauvais que le fils aîné de la veuve ou du septuagénaire soit exempt. Sont-ce là des exceptions aux principes ? Non, c'est la seule interprétation logique et rationnelle du principe. Partout l'égalité doit être une proportion. En matière de contributions, la base de cette proportion est la fortune. On ne trouvera pas toujours une base aussi bien déterminée, aussi précise; mais il faut s'appliquer à la chercher, et si l'on ne peut arriver à la perfection, il faut du moins ne pas rester dans un état complet d'imperfection. Quand il s'agit des élections et du droit de vote, est-il vrai de dire qu'il n'y a pas de proportionnalité possible? Oui, si l'on ne veut voir dans l'élection qu'une volonté arbitraire et aveugle, si l'on pense que le caprice et le hasard peuvent sans inconvénient y dominer aussi bien que l'intelligence et la raison. Si tous les choix sont également bons, point de doute que tous les votes n'aient la même valeur.

Mais il n'est pas permis de supposer cette pensée aux auteurs de la Constitution; ils n'ont pas pu vouloir exposer d'avance leur pays à tous les hasards d'un scrutin aveugle, à tous les caprices d'une volonté inintelligente. Il faut donc que le scrutin soit entouré de toutes les garanties nécessaires pour le maintien des principes fondamentaux de l'ordre social. A cet effet, la Constitution a renvoyé au législateur le soin de déterminer ces garanties. Loin d'admettre comme nécessaire l'idée radicale d'une égalité absolue, la Constitution a elle-même déterminé une limite d'âge et a autorisé le législateur à établir des exclusions. Or, exclure quelqu'un du droit de vote, c'est déroger plus gravement au principe de l'égalité que d'établir une graduation dans l'exercice de ce droit. Quelles peuvent être les bases de cette graduation? Ces bases seront le degré de l'intelligence de chacun et l'intérêt particulier que telles ou telles personnes ont à la conservation des principes fondamentaux; l'intérêt que le père de famille a à la conservation de la famille, le propriétaire ou le fabricant à la conservation de la propriété foncière ou industrielle; le ministre du culte à la conservation du principe religieux, etc. Quant à l'intelligence, on ne peut sans

2

doute établir l'échelle des intelligences comme on établit celle des fortunes ; mais il est des fonctions et des professions qui supposent ou même donnent un degré particulier d'intelligence. La classification parfaite de ces fonctions ou professions sera sans doute difficile, mais non impossible. Si, au premier essai, la classification paraissait imparfaite, l'expérience donnerait bientôt les moyens de l'améliorer. Peu partisan en général des changements dans la législation et des mesures transitoires ou de circonstances, je reconnais que, lorsqu'on est amené par des évènements imprévus ou par des raisons puissantes, à entrer dans une voie toute nouvelle, on ne peut arriver de premier saut à une œuvre parfaite : des tâtonnements sont nécessaires, et si le système que je soumets aujourd'hui peut jamais prévaloir, il faudra plusieurs essais avant que d'arriver à sa perfection ; mais je crois que, dès son adoption, il donnerait une grande garantie de calme et de stabilité.

Qu'on l'appelle, si l'on veut, un privilége, peu importe, si l'on reconnaît que ce privilége est dans l'intérêt de tous (1) ; on reconnaîtra même qu'il a quelque chose de parfaitement équitable, si l'on se pénètre de cette pensée que l'élection ne doit pas seulement être considérée comme un droit, mais aussi comme un devoir, et que tous ceux qui y participent assument une immense responsabilité envers le pays. Cette responsabilité pèse aujourd'hui également sur tous, sur l'ouvrier, sur l'homme ignorant comme sur l'homme d'Etat le plus consommé. Quelle obligation n'impose-t-on donc pas à l'homme honnête, consciencieux, mais peu instruit, s'il sait que son vote doit peser dans la balance

(1) « Ce qu'on ne peut supporter en France, ce qu'on ne supportera
» nulle part, maintenant, parce que c'est contre la nature des choses,
» ce sont des distinctions sans utilité ; le temps en a pu conserver de
» semblables et déplacer des intérêts ; mais dans aucun temps on
» n'en a créé qui ne fussent liées à des intérêts positifs. » Correspondance de Fiévée avec Bonaparte. Note XIV. Avril 1806. Tome 2, page 211.

autant que celui de l'homme plus éclairé? S'il veut se mettre en état de voter en connaissance de cause, d'apprécier les effets de son vote, n'est-ce pas pour lui une charge bien lourde? Comment arriver à avoir quelques renseignements sur la valeur des noms qu'on lui propose, des listes qu'on lui soumet ? Qui choisira-t-il pour guide dans cette opération ?

Pour arriver à avoir des données certaines sur le choix qu'il doit faire, demandera-t-il avis au journal? Ira-t-il dans ces réunions où, si souvent, loin d'éclairer l'opinion, on la fausse et la pervertit par des mensonges et des calomnies? Ira-t-il consulter un grand nombre de personnes pour balancer leur avis ? En tous cas, il lui faudra bien du temps pour arriver à pouvoir voter avec la conscience de ce qu'il fait ; et ce temps, ainsi employé à son éducation politique, sera perdu pour le travail ; l'exercice de ses droits politiques pourra bien lui ôter le pain de sa famille. Voilà, pour l'ouvrier honnête, le résultat le plus clair des droits conquis par tant de révolutions. Mais ayez un suffrage gradué : celui dont le vote comptera le moins aura une moins forte part de responsabilité à supporter ; il pourra donc moins s'inquiéter, moins se préoccuper. Tandis que la loi actuelle, qui reconnaît le même droit à tous les citoyens, semble par là leur reconnaître à tous la même intelligence, et vouloir leur imposer l'obligation de ne consulter que leur propre inspiration en ne donnant aucun aide à l'électeur embarrassé, notre système, en graduant le vote, lui indique, mais sans le lui imposer, le guide qu'il peut utilement consulter. Par là, cette énorme responsabilité ne pèsera plus indistinctement du même poids sur tout le monde, mais sur chacun, à raison de son intelligence, de son aptitude et de la facilité qu'il a de consacrer son temps à la politique. Ce sera, en un mot, une application de ce principe que les charges publiques doivent peser sur chaque citoyen en raison de ses moyens.

Nous ne nous écartons donc pas du principe d'égalité dans ce qu'il a d'équitable et de bon ; et cependant, il ne faut pas se le dissimuler, nulle proposition peut-être n'est de nature à soulever autant la réprobation de ce qu'on appelle improprement le sentiment de l'égalité. La cause en est simple ; je la dirai avec cette franchise qu'on doit aux peuples comme aux rois : c'est que nous n'avons pas ce sentiment dans son expression sincère et désintéressée tel qu'il existe, dit-on, aux États-Unis ; nous n'avons pas plus adopté l'esprit du peuple américain que nous n'avons fidèlement copié sa forme de gouvernement (1). Ce que nous appelons l'amour de l'égalité n'est qu'un sentiment d'amour-propre égoïste et individuel, une jalousie qui nous fait décrier ce que nous envions le plus. Combien d'hommes ont décrié et déprécié des honneurs et des distinctions que, dans le fond de leurs cœurs, ils souhaitaient ardemment, et dont ils se sont plus tard parés avec arrogance ! N'a-t-on pas vu de ces fanatiques partisans de l'égalité oublier leur principe devant les titres de l'empire et la Pairie héréditaire de la Restauration ?

On a souvent prétendu qu'en abolissant les distinctions héréditaires, nous n'avions pour but que de rendre au mérite personnel un plus pur hommage ; mais nous savons rarement honorer le vrai mérite. Combien, parmi nos savants, parmi les hommes qui ont le plus illustré notre pays, n'en est-il pas qui ont vu leur nom presque oublié en France, tandis que les plus grands hommages leur étaient accordés à l'étranger, et surtout par les Anglais, ces oligarches, comme

---

(1) Chose singulière! quand la France veut imiter les autres peuples, elle finit toujours par faire le contraire de ses modèles : ainsi nous étions parvenus à avoir un gouvernement représentatif, sans aristocratie, à l'imitation du gouvernement représentatif, mais essentiellement aristocratique, de l'Angleterre. Aujourd'hui nous avons une *République une et indivisible*, à l'exemple de la *République fédérative* des État-Unis.

nous les appelons quand nous voulons les injurier (1) ? C'est
que s'il est vrai de dire qu'il y a des supériorités de diverses
natures, le sentiment qui nous porte à les respecter est toujours à peu près le même. Il en est de même de celui qui
nous porte à nous affranchir de tout respect vis-à-vis d'elles.

Il n'entre pas dans notre pensée de vouloir trop générali-
ser ce reproche ; mais ceux qui l'encourent véritablement
ont su, depuis si longtemps, masquer leur jalousie sous l'a-
mour de l'égalité, que la masse confond aujourd'hui trop
souvent deux sentiments bien différents. Si l'écrivain peut,
sans craindre, attaquer de front les préjugés les plus répan-
dus, le législateur est souvent obligé de les ménager. Aussi
je ne pense pas que l'idée que je propose soit admissible dès
à présent dans ses conséquences ; mais je crois avoir défini
le caractère qu'il faut donner aujourd'hui à la loi électorale,
ou du moins avoir montré qu'il faut lui ôter le caractère de
radicalisme qu'elle a actuellement, et qu'il faut, en matière
d'élection, comme en toute autre, reconnaître et proclamer

(1) J'en puis citer un exemple curieux, qui est à ma connaissance
toute particulière. Peu d'années avant sa mort, notre illustre Geoffroy-Saint-Hilaire fit un voyage en Angleterre : il parcourait un des
musées ou établissements scientifiques de Londres, dépendant, je
crois, de *zoological garden.* L'usage de cet établissement voulait
que les visiteurs inscrivissent leur nom. Celui de M. Geoffroy-Saint-
Hilaire, remarqué par l'infime employé chargé de la tenue du registre
d'inscriptions, est de suite porté par lui au chef de l'établissement ;
celui-ci arrive immédiatement, accompagné d'autres savants, em-
pressés de servir de *cicerone* à leur célèbre confrère. Le bruit de son
arrivée se répand bientôt dans toute la ville, et partout le même empressement se signale sous ses pas. Ce n'était pas seulement dans le
monde savant qu'il recevait de pareils hommages, c'était aussi dans
la société, dans le sein de l'aristocratie : les lords et les ladys se le-
vaient en le voyant entrer dans un salon et briguaient l'honneur de lui
être présentés. Tel est l'accueil que lui fit l'oligarchique Angleterre.
Quant à celui qu'il reçut en France, sur le sol natal, dans ce pays qui
ne sait honorer que le mérite personnel, il a aussi son côté piquant. A
son arrivée à Calais ou à Boulogne, un douanier lui demande son
nom : Geoffroy-Saint-Hilaire, répond-il. — Comment écrivez-vous ce
nom ? répond l'ingénieux préposé du gouvernement. Après quoi le
voyageur put continuer sa route sans nouvel incident.

qu'il n'y a pas de droit sans devoir ; qu'il n'y a pas de souveraineté absolue dans ce monde ; que si les peuples peuvent disposer des couronnes et des empires, ils ne peuvent modifier les règles de la morale et les lois de la raison, et que la souveraineté du peuple ne pourra se maintenir qu'en se renfermant dans la limite des choses dont Dieu a abandonné le gouvernement aux hommes.

Cette idée du devoir n'est écrite nulle part dans la loi électorale ; est-ce à dire que de bons résultats ne peuvent jamais naître d'une pareille organisation ? Loin de moi cette pensée ; il faudrait avoir perdu le souvenir de l'élection du 10 décembre. Si quelqu'un l'oublie jamais, ce ne sera pas moi qui me glorifie d'avoir apporté mon faible contingent à cette œuvre de délivrance. Soldat obscur de cette grande armée, je suis fier d'avoir senti dans toute leur plénitude ces sentiments qui faisaient battre tant de cœurs sous la blouse de l'ouvrier ou du paysan. Oui, ce fut un sublime spectacle : quand les habiles hésitaient, doutaient, tremblaient, le peuple, d'une main ferme et résolue, apportait un imposant suffrage à l'homme qui, par son dévoûment et son désintéressement, justifie si bien tous les jours cet élan de la justice populaire. Ne peut-on pas trouver la cause de cet étonnant concours dans ce fait, que le peuple, au lieu d'écouter uniquement des préoccupations égoïstes, obéissait au sentiment d'un devoir impérieux ; qu'il sentait la nécessité d'acquitter une dette de reconnaissance, longtemps et malgré lui ajournée ; devoir de reconnaissance envers la gloire la plus populaire et la mémoire de l'homme le plus national de la France moderne, nécessité de protester contre le martyre de Sainte-Hélène. C'est dans ces sentiments qu'il faut chercher les plus puissantes causes de l'élection du 10 décembre, et non dans le concours fortuit d'une plume haineuse qui, dans les efforts qu'elle fait aujourd'hui pour saper ce qu'elle prétend avoir édifié, trouvera la preuve de son impuissance.

L'histoire présente sans doute d'autres exemples de la sagacité d'instinct populaire ; mais devons-nous compter sur le retour périodique de pareilles inspirations? La prudence la plus vulgaire dit que non ; si, dans ces circonstances, on doit dire : *vox populi, vox Dei*, on doit se rappeler qu'il ne faut pas tenter la divine Providence. Lorsqu'il arrive de ces solutions imprévues et extraordinaires, nous devons les recevoir comme un bienfait gratuit, et non comme l'acquittement d'une dette, et ne pas compter sur leur retour, comme sur la révolution périodique des saisons. D'ailleurs, toutes les élections ne présenteront pas le même caractère que celle du 10 décembre ; le choix d'un seul homme est moins compliqué que celui de 750, répartis entre 86 départements ; on ne trouvera pas partout un point de ralliement comme le nom de Napoléon, et la pensée du peuple ne pourra s'exprimer avec la spontanéité qu'elle eut alors. La confiance que j'ai dans les inspirations spontanées du peuple, je ne l'ai pas dans tous ceux qui parlent, qui agissent en son nom et prétendent le conduire ; je redoute l'influence de ces *affreux petits rhéteurs* qui, toujours prêts à tout sacrifier à l'assouvissement de leurs ignobles jalousies, contre ce qui est au-dessus d'eux, contre tout ce qu'il y a de sacré pour la société, trompent par leurs artifices, la bonne foi du peuple, quand ils ne peuvent le corrompre par leurs doctrines. C'est pour cela que je ne puis approuver une loi qui, tous les quatre ans, met le pays tout entier, et sans garantie, à la merci d'un scrutin. Je ne cède pas aux préoccupations du moment ; je ne dis pas que la prochaine élection doive tout détruire et anéantir ; je dis qu'elle le pourra, et je ne puis accepter cette situation comme l'état normal de la France. Religion, morale, famille et autorité, propriété, services rendus, droits acquis, rien ne peut compter sur un lendemain le jour de l'élection, et l'on appelle cet état de choses une Constitution ! Veut-on donc réaliser l'état de nature imaginé par Jean-Jacques

Rousseau, dans son discours sur *l'origine des inégalités entre les hommes*, ou l'état sauvage dont nous menace Proudhon ? J'ai pensé que, pour conjurer un tel danger, il fallait que la notion du devoir fût écrite dans la loi électorale en termes aussi clairs que celle du droit ; il fallait que les principes fondamentaux de l'ordre trouvassent des garanties jusque dans le sein du collége électoral ; ces garanties, j'ai cru les trouver dans un vote gradué, substitué au vote uniforme.

Le législateur de 1793 avait cru s'acquitter suffisamment envers la divinité en proclamant que le peuple français reconnaît un Être suprême et l'immortalité de l'âme. La Constitution de 1848, je suis heureux de le dire, n'a pas suivi cet exemple ; elle a assuré l'existence des ministres des cultes reconnus par la loi. J'ai pensé que le respect du législateur envers ces cultes et sa confiance dans les lumières de leurs ministres, devaient se manifester jusque dans le scrutin électoral, et qu'à côté du suffrage qu'ils donnent comme citoyens, la loi devait leur en accorder un autre, en vue du caractère respectable dont ils sont revêtus. J'ai pensé, et n'ai pas été le premier à sentir et à exprimer cette idée (1) ; j'ai pensé que donner à un père de famille une voix prépondérante sur celle de ses fils, c'était rappeler, à ces derniers, la déférence et le respect qu'ils doivent avoir pour l'auteur de leurs jours, et à celui-ci qu'il ne doit pas user de ses droits politiques dans un intérêt purement égoïste, et que la pensée de sa famille doit être présente à toutes ses actions. Cette garantie que je demande pour l'autorité religieuse, pour l'autorité de la famille, je la demande aussi pour l'autorité publique. Sous quelque forme qu'on la trouve, autorité administrative, judiciaire, militaire, elle

---

(1) Cette idée a été plusieurs fois exprimée dans des lettres adressées au journal l'*Assemblée Nationale*. Voyez notamment le numéro du 4 mai 1850, page 2, colonne 1re. V. aussi *correspondant* du 5 novembre 1849, art. de M. Franz de Champagny, intitulé *un Examen de Conscience*, p. 210.

est une nécessité sociale. C'est ici peut-être que nous heurtons davantage les idées reçues : chercher à assurer jusque dans les élections l'influence de l'autorité, c'est contraire à ce qui a été fait jusqu'ici, et je le reconnais à tout ce qui a dû être fait sous les derniers gouvernements. Mais il n'en doit pas être ainsi aujourd'hui. Les révolutions amènent des conséquences que n'entrevoient ni ne désirent souvent ceux qui les font, mais que la logique réclame d'une manière impérieuse. Sous la Monarchie, le principe de l'autorité, personnifié par le Roi, avait en lui un appui permanent, que la Constitution mettait à l'abri de toutes atteintes. En lui seul, à proprement parler, était toute l'autorité : le pouvoir électif n'était, à tous les degrés, qu'un contre-poids, un contrôle. Aujourd'hui les rôles sont changés : c'est de l'élection que découle toute autorité. Les électeurs, qui nomment le corps législatif, nomment aussi le chef du pouvoir exécutif ; il n'y a donc plus lieu de demander au corps électoral des garanties contre les abus du pouvoir ; il faut, au contraire, lui en demander contre les idées et les passions hostiles au principe de l'autorité. En donnant aux fonctionnaires publics un rang tout particulier dans les élections, on ajoute au respect qu'ils doivent inspirer, et on leur rappelle qu'ils ont envers leur pays des obligations plus étroites que celles des autres citoyens.

Je me résume : tout ce que j'ai dit se réduit à deux idées : un but et un moyen. Le but est de faire rentrer dans le système électoral des garanties pour les principes fondamentaux de la société, garanties qui manquent complètement aujourd'hui. Le système actuel était logique, comme point de départ ; mais revenir sans cesse au point de départ, c'est reconnaître qu'on n'a rien fondé, rien constitué ; c'est empêcher toutes améliorations sérieuses, tous progrès durables ; c'est rendre la confiance impossible. Je ne puis donc qu'appeler de tous mes vœux le moment où le législateur sentira la nécessité d'entrer dans une voie contraire.

Quant au moyen, j'ai cru le trouver dans un droit de suffrage gradué et proportionnel : si la lecture de ces pages peut inspirer la pensée d'un autre moyen aussi efficace, plus simple et heurtant moins les préjugés que je déplore, mais dont je reconnais la puissance, je serai le premier à y applaudir ; et quand je vois nos législateurs entrer aujourd'hui dans cette voie où tant de vœux les appelaient, je ne puis que répéter ces mots qui terminaient souvent les harangues des orateurs romains : « *quidquid vos consuleritis, hoc Dii faciant esse bonum.* »

Loyat (Morbihan), 20 Mai 1850.

Napoléon DE CHAMPAGNY.

Nous avons dit qu'il était difficile de prouver qu'une institution aussi nouvelle que le système électoral dont nous venons de poser les principes, ne présenterait dans la pratique ni impossibilité ni grande difficulté ; nous avons dit que l'expérience seule pouvait répondre complètement à la question. Toutefois nous pensons que nous lui aurons fait faire un grand pas, si nous montrons que ce système peut se libeller en forme de loi. C'est pour cela que nous plaçons ici l'esquisse d'un projet de loi électorale d'après ce système, reconnaissant que ce travail sera très imparfait et qu'une loi qui doit contenir le tableau comparatif de toutes les supériorités sociales ne peut être faite d'une manière suffisante avec les lumières d'une seule personne ; mais le cadre une fois établi, il serait aisé d'en modifier, d'en perfectionner les parties.

TITRE PREMIER.

DU DROIT ÉLECTORAL.

Art. 1er. Le suffrage, conformément à l'article 24 de la Constitution, est direct et universel, sauf les exceptions établies par la loi.

Il est gradué et proportionné d'après les classifications et distinctions établies ci-dessous.

Art. 2. Tous Français, jouissant des droits civils et politiques et non compris dans les dispositions de l'article 3 de la loi des 8, 18 février, 15, 18 mars 1849, ont droit, à l'âge de 21 ans, à un suffrage simple ; à l'âge de 40, à un suffrage double ; à l'âge de 60, à un suffrage triple.

Art. 3. Auront droit à une voix, en outre du nombre de celles qui leur sont assurées par l'article 2 :

1° Les mariés ou veufs sans enfants ;

2° Les célibataires ayant un ou plusieurs enfants adoptifs vivants ;

3° Les célibataires chargés d'une ou de plusieurs tutelles ou tutelles officieuses ;

Art. 4. Auront droit à deux voix, en sus du nombre de celles qui leur sont assurées par l'article 2 :

1° Les mariés ou veufs avec enfants vivants ;

2° Les mariés ou veufs ayant un ou plusieurs enfants adoptifs, ou ayant accepté deux ou plusieurs tutelles ou tutelles officieuses.

Art. 5: Auront droit à trois voix, en sus de celles qui leur sont accordées par l'article 2 : les mariés ou veufs ayant plusieurs enfants et ayant néanmoins accepté une ou plusieurs tutelles.

Art. 6. Sont comptés au nombre des enfants vivants, 1° ceux qui ont laissé eux-mêmes des enfants ou descendants ; 2° ceux qui sont morts sous les drapeaux ou par suite de blessures reçues au service militaire ou qui auraient été tués ou blessés mortellement dans les rangs de la garde nationale agissant pour l'exécution des lois (1).

Art. 7. Tous propriétaires, manufacturiers, fabricants, commerçants, agriculteurs ou fermiers, payant plus de 100

___

(1) Hi enim qui pro republicâ ceciderunt, in perpetuum per gloriam vivere intelliguntur. (*L.* 18, *ff. De excusationibus tutorum et curatorum. Inst. L. I. T. XXV.*)

francs de contributions directes, auront droit, en outre des voix qui leur sont assurées par les articles précédents, savoir : à une voix, depuis 101 fr. jusqu'à 500 fr. ; à deux voix, de 501 fr. à 1000 fr., ainsi de suite par 500 fr.

Les mêmes droits seront attribués aux fermiers de propriétés payant plus de 100 fr. de contributions, alors même que lesdits fermiers ou colons partiaires ne seraient pas chargés de payer les impôts, sans préjudice, dans ce cas, du droit du propriétaire.

Art. 8. Auront droit à une voix, en sus de celles qui leur sont attribuées par les articles précédents :

1º Les ministres non interdits des cultes reconnus par la loi ;

2º Les sous-préfets ;

3º Les conseillers de préfecture, après cinq ans de service ; les secrétaires généraux des préfectures, après trois ans ;

4º Les membres des conseils généraux ;

5º Les membres des conseils d'arrondissement, après deux élections ou après une élection à la présidence (1) ;

6º Les maires et adjoints nommés par le gouvernement, après deux nominations ; les maires et adjoints électifs, après trois élections ;

7º Les conseillers municipaux, après quatre élections ;

8º Les membres titulaires des tribunaux de première instance (2) ;

(1) Les conseils d'arrondissement doivent disparaître lorsqu'il sera fait une loi organique sur l'administration départementale et municipale, et être remplacés par des conseils cantonaux. Ne pouvant savoir quelle sera l'organisation de ces conseils et la nouvelle organisation municipale, nous avons dû suivre en tout celle qui a été établie par les lois de 1831 et 1837, sauf les modifications qui ont été introduites en 1848.

(2) Nous ne mentionnons que les membres titulaires ; les suppléants sont soit des jeunes gens qui font pour ainsi dire leur apprentissage et ne peuvent prétendre à la même confiance que les juges, soit des avocats ou avoués exerçant, et qui, aux termes des paragraphes 14 et 15, pourront arriver aux mêmes droits que les magistrats.

9° Les présidents des tribunaux de commerce, les membres des mêmes tribunaux, après deux élections ;

10° Les juges de paix, après cinq ans d'exercice ;

11° Les membres des conseils de prud'hommes, après trois
élections ou après deux élections et deux nominations à la
présidence, ou enfin après quatre nominations à la présidence ;

12° Les membres du conseil de discipline de l'ordre des
avocats près le Conseil d'Etat et la Cour de Cassation ;

13° Les bâtonniers de l'ordre des avocats près les Cours
d'appel et près les tribunaux de première instance siégeant
dans les villes de plus de trente mille âmes ; les membres du
conseil de discipline près les mêmes cours et tribunaux,
après trois élections ;

14° Les bâtonniers près les autres tribunaux, après deux
élections, et les membres des conseils, après cinq élections.

Ne compteront que pour moitié l'élection des bâtonniers qui
aurait été faite par un tableau de moins de quinze avocats, et
celle des membres du conseil faite par un tableau de moins de
35 ; ne compteront pas l'élection des bâtonniers faite par
moins de six avocats, et celle des membres du conseil faite
par moins de douze (1) ;

15° Les présidents, syndics et rapporteurs des chambres de
discipline des avoués près les cours et tribunaux, après deux
élections à une ou plusieurs de ces fonctions ; les autres
membres des mêmes chambres, après quatre élections.

Toutefois une élection comme président, syndic ou rapporteur, et deux élections comme simple membre suffiront dans
les compagnies pour lesquelles des règlements particuliers ne

(1) L'ordonnance royale du 29 août 1830, art. 2, autorise la forma-
tion d'un conseil, quel que soit le nombre des avocats : au-dessous de
trente, le nombre des membres du conseil est de cinq : si l'on usait
partout de la faculté donnée par l'ordonnance, et on le ferait si des
droits politiques y étaient attachés, les honneurs du bâtonnat, et
surtout du conseil, seraient trop faciles pour être une garantie sé-
rieuse : nous avons dû poser une limite.

permettent l'élection aux fonctions de membre de la chambre qu'après dix ans d'exercice (1) ;

Ne compteront que comme moitié les élections des présidents, syndics et rapporteurs, là où le nombre des avoués est au-dessous de vingt, et l'élection des membres de la chambre, là où le nombre des avoués est au-dessous de quarante ;

Ne compteront pas l'élection des présidents, syndics et rapporteurs, par moins de dix avoués, et celle des simples membres, par moins de quinze (2) ;

16° Les présidents, syndics et rapporteurs des chambres de discipline des notaires, établies aux chefs-lieux des Cours d'appel, et dans les villes de plus de 30,000 âmes, et les autres membres des mêmes chambres après deux élections ;

Les présidents, syndics et rapporteurs des chambres des notaires d'arrondissement, après deux élections, les membres de ces mêmes chambres après trois élections ;

17° Les officiers des diverses armes des armées de terre et de mer ;

Y compris les fonctionnaires ayant rang d'officier dans l'intendance militaire, le commissariat de la marine, et autres administrations militaires ou maritimes, dans les corps du génie maritime, des ingénieurs hydrographes et autres corps militaires ou maritimes ;

Y compris aussi les officiers de la marine marchande, ayant rang d'officier dans la marine de l'Etat ; les capitaines et lieutenants de port créés par le décret du 10 mars 1807 (3);

(1) Ordonnance du 21 août 1816, avoués près le tribunal civil de la Seine ; — 23 avril 1818, avoués près la cour royale de Paris ; — 17 juin 1820, idem cour royale de Toulouse.

(2) Au-dessous de vingt avoués, il y a encore à nommer quatre membres, dont un président, un syndic et un rapporteur. (Déc. 13 frimaire an IX, art. 4 et 6.)

(3) Inséré au *Bulletin des lois*, le 10 février 1831. Bull. O. XLII, n° 1804.

18º Les officiers supérieurs de la garde nationale, les autres officiers après deux élections , les officiers non électifs, après six ans de service ; le présent paragraphe n'est applicable qu'aux gardes nationales soumises à un service ordinaire, réglé conformément aux articles 73 et suivants de la loi du 22 mars 1831 , et aux gardes nationales mobilisées , conformément aux titres V et VI de la même loi : toutefois, en cas de service de guerre, les officiers non électifs de la garde mobilisée compteront double le temps de la durée de ces services ;

19º Les secrétaires d'ambassade ou de légation (1), après cinq ans de service ;

20º Les consuls généraux, les consuls ordinaires, après cinq ans de service ;

21º Les payeurs du trésor, directeurs et inspecteurs départementaux des domaines et de l'enregistrement, des contributions directes, des contributions indirectes et des postes, les géomètres en chef du cadastre, les inspecteurs et gardes généraux des forêts ;

22º Les inspecteurs de l'enregistrement, les conservateurs des hypothèques, les géomètres de première classe du cadastre , les directeurs d'arrondissement des contributions indirectes, tous après dix ans de service et cinq ans de grade;

23º Les receveurs particuliers des finances ;

24º Les percepteurs, après dix ans d'exercice ;

25º Les recteurs d'académie ;

26º Les inspecteurs d'académie , après dix ans de grade.

27º Les professeurs des facultés, du collége de France , de l'école polytechnique , du conservatoire des Arts-et-Métiers ; les membres du bureau des longitudes ;

(1) Les dénominations d'*ambassades* et d'*ambassadeurs* ne sont plus usitées depuis la révolution de février 1848 ; mais , comme aucun acte législatif ou réglémetaire n'a supprimé ce grade , nous avons cru devoir le conserver ; cela était d'ailleurs nécessaire pour établir les droits que les anciens ambassadeurs ou secrétaires d'embassade pourront avoir aux termes des articles 9 et 15.

28° Les proviseurs des lycées , après cinq ans d'exercice ;

29° Les inspecteurs de l'enseignement primaire , après dix ans d'exercice ;

30° Les ingénieurs ordinaires en activité de service des ponts et chaussées et des mines ;

31° Les commissaires du gouvernement et inspecteurs près les chemins de fer ;

32° Les présidents des chambres de commerce , des chambres consultatives des manufactures , arts et fabriques ;

Les membres des mêmes chambres , après deux élections ;

33° Les présidents et membres des chambres consultatives d'agriculture, d'après les conditions qui seront déterminées par la loi de leur organisation (1) ;

34° Les présidents des comices agricoles, après dix ans d'exercice ;

35° Les syndics et adjoints de la boucherie et de la boulangerie, dans les villes où cette institution existe, après quatre élections ;

36° Les inspecteurs-généraux des haras et les inspecteurs de l'agriculture ; les directeurs des haras , après dix ans de grade ;

37° Les membres des sociétés savantes reconnues par la loi, autres que celles qui seront désignées aux articles 10 et 12 ;

38° Les chefs de bureau dans les administrations centrales, après dix ans de service ;

39° Les officiers de la Légion-d'Honneur ;

40° Les chevaliers du même ordre, lorsqu'ils justifieront

(1) La création de chambres d'agriculture, analogue aux chambres de commerce et des manufactures, est demandée depuis longtemps par toutes les sociétés agricoles. (*Voir le vœu émis par le congrès central d'agriculture, séance du 24 mars 1846,.et le rapport de M. Guillaumin sur cette question*. Procès-verb. du congrès, pages 232-257.) On ne peut dire quelle sera dans ses détails l'organisation de ces chambres; si elle doit être semblable à celle des chambres de commerce et des manufactures qui se renouvellent par un tiers tous les ans, nous demanderions pour elles les mêmes droits politiques.

avoir obtenu la décoration, 1° soit au service militaire; 2°
soit comme gardes nationaux, pour blessures reçues pendant
le service ou pour faits mis à l'ordre du jour; 3° soit pour
25 ans de services administratifs ou judiciaires;

41° Les personnes qui auront été momentanément privées
de l'exercice de leurs droits politiques pour cause de service
militaire, conformément à ce qu'il sera dit en l'article 20.

Art. 9. Jouiront à perpétuité du droit établi par l'article
précédent, les personnes qui, pendant un espace de dix ans
ou plus, auront fait partie des catégories comprises audit
article, et celles qui, pendant un espace de plus de deux
ans et de moins de dix ans, auront fait partie des catégories
comprises dans l'article 10 ci-dessous.

En sont seules exceptées : les personnes qui auront quitté
ou perdu leurs fonctions, grades ou qualités par suite de déci-
sion judiciaire, même n'emportant pas la privation des droits
politiques, ou par destitution prononcée en vertu de la loi. Ne
sont pas comptées dans les deux ou dix ans, les années de
service exigées par plusieurs des paragraphes de l'article 8.

Art. 10. Auront droit à deux suffrages en outre de ceux
qui leur sont attribués par les articles 2, 3, 4, 5, 6 et 7 :

1° Les Représentants du peuple;

2° Les vicaires-généraux des Evêques;

3° Les présidents des synodes des églises réformées, les inspecteurs des églises consistoriales de la confession d'Ausbourg,
et les présidents du consistoire général desdites églises;

4° Les Maîtres des requêtes au Conseil d'Etat;

5° Les Sous-Préfets des arrondissements dont le chef-lieu a
plus de 20,000 âmes, et les autres sous-préfets après dix
ans de grade;

6° Les Présidents et les Procureurs de la république près
les tribunaux des chefs-lieux judiciaires, et les Présidents et
Procureurs de la république près les autres tribunaux de
première instance, après quinze ans de service et cinq ans
de grade;

3

7° Les officiers supérieurs des armées de terre et de mer et autres corps énoncés au paragraphe 17 de l'article 8;

8° Les secrétaires d'ambassade et les consuls généraux ayant dix ans de service;

9° Les receveurs-généraux;

10° Les conservateurs des forêts;

11° Les fonctionnaires énoncés au paragraphe 21 de l'article 8, après dix ans de grade;

12° Les inspecteurs des finances;

13° Les inspecteurs de l'Université;

14° Les inspecteurs divisionnaires et ingénieurs en chef des ponts et chaussées et des mines;

15° Les membres de l'Institut national de France et de l'Académie nationale de médecine;

16° Les directeurs et chefs de division des diverses administrations centrales;

17° Les Commandeurs de l'ordre national de la Légion-d'Honneur.

Art. 11. Jouiront à perpétuité du droit établi par l'article précédent, et sauf la réserve portée en l'article 9, les personnes ayant été dix ans ou plus dans les catégories dudit article 10 et celles qui auront été dans les catégories de l'article 12 ci-dessous plus de deux ans et moins de dix, sans préjudice de la disposition établie dans l'article 13 ci-dessous, relativement aux anciens représentants.

Art. 12. Auront droit à trois suffrages en outre de ceux qui leur sont attribués par les articles 2, 3, 4, 5, 6 et 7 :

1° Les Représentants, après deux élections;

2° Les Evêques;

3° Les Préfets;

4° Les Maîtres des requêtes ayant dix ans de service en cette qualité;

5° Les membres des Cours d'appel, sauf ce qui sera dit en l'article 14;

6° Les Généraux de brigade, les Contre-Amiraux et Préfets maritimes (1) ;

7° Les inspecteurs-généraux des finances ;

8° Les inspecteurs-généraux des ponts et chaussées et des mines, et les inspecteurs divisionnaires ayant dix ans de grade ;

9° Les membres de l'Institut appartenant à plusieurs des cinq académies ;

10° Les directeurs et chefs de divison dans les divers départements ministériels ayant vingt ans de service, dont dix en cette qualité ;

Les secrétaires généraux dans les mêmes administrations ;

11° Les Grands Officiers de la Légion-d'Honneur.

Art. 13. Les droits résultant du précédent article sont acquis à perpétuité et sous les réserves énoncées à l'article 9, 1° aux représentants ayant trois élections ; 2° aux personnes ayant été dix ans dans les catégories du précédent article ; 3° à celles qui auront été plus de deux ans et moins de dix ans dans celles de l'article 14.

Art. 14. Auront droit à quatre suffrages, sans préjudice de ceux qui leur sont attribués dans les articles 2, 3, 4, 5, 6 et 7 :

1° Les Archevêques ;

2° Les Vice-Présidents de l'Assemblée législative ;

3° Les Conseillers d'Etat ;

4° Les Préfets, après dix ans de service en cette qualité ;

5° Les Premiers Présidents et Procureurs-généraux près les Cours d'appel ;

6° Les membres de la Cour de Cassation et de la Cour des Comptes, sauf ce qui sera dit en l'article 16 ;

7° Les Généraux de division et les Vice-Amiraux ;

8° Les Ambassadeurs et les Ministres plénipotentiaires ;

9° Les Sous-Secrétaires d'Etat ;

(1) Non compris, bien entendu, les préfets maritimes ayant un grade supérieur à celui de contre-amiral.

10° Les directeurs généraux des administrations des domaines et de l'enregistrement, des douanes, des postes et des forêts;

11° Les Grand'-Croix de la Légion-d'Honneur.

Art. 15. Jouiront à perpétuité du droit résultant de l'article précédent toutes les personnes qui auront été dix ans dans les précédentes catégories, sauf les réserves de l'article 9.

Art. 16. Le Vice-Président de la République, le Président de l'Assemblée, les Ministres Secrétaires d'Etat, les premiers Présidents et Procureurs-généraux près la Cour de Cassation et la Cour des Comptes auront, à raison de leurs fonctions, droit à dix suffrages pendant la durée desdites fonctions, et à cinq après qu'elles auront cessé, pourvu qu'elles aient duré une année consécutive ou non;

Ils conserveront l'intégralité de leurs droits, savoir : le vice-président de la République, après trois élections; le président de l'Assemblée, après dix élections; les ministres, après cinq ans de fonctions; les premiers présidents et procureurs-généraux ci-dessus dénommés, lorsqu'ils auront rempli ces fonctions pendant dix ans ou après trente ans de service, dont deux en cette qualité.

Conserveront aussi l'intégralité de leurs droits ceux qui, cumulativement ou séparément, auront été investis de plusieurs des dignités ci-dessus énoncées pendant l'espace de deux ans.

Art. 17. Les Maréchaux et Amiraux de France auront, en cette qualité, droit à quinze suffrages.

Art. 18. Le Président de la République aura droit, en cette qualité, à cent suffrages pendant la durée de sa magistrature.

A sa sortie de fonctions, après une première élection, il conservera vingt suffrages; après une seconde magistrature, il en conservera quarante; après une troisième élection, il conservera à perpétuité l'intégralité de son droit.

Art. 19. Toutes personnes qui se trouvent cumulativement dans plusieurs des catégories comprises dans les articles 8 et suivants, auront droit seulement au nombre de suffrages qui leur est attribué par la catégorie la plus élevée; néanmoins les suffrages attribués aux différents grades de la Légion-d'Honneur se cumuleront avec tous les autres.

Art. 20. Les militaires n'ayant que le rang de soldats, caporaux et brigadiers, ne voteront pas tant qu'ils seront sous les drapeaux et présents à leurs corps; à leur sortie du service, ou lorsqu'ils auront été promus à un grade supérieur, leur vote sera augmenté d'un suffrage pendant un temps égal à celui pendant lequel ils auront été privés de l'exercice de leurs droits.

La même disposition est applicable aux militaires de tous grades, dont les droits électoraux auraient été suspendus à raison de campagnes ou navigations, conformément à la disposition finale de l'article 62 de la loi du 15 mars 1849.

Art. 21. Les dispositions de l'article précédent ne sont pas applicables à la gendarmerie départementale, à la garde républicaine de Paris, aux compagnies de sous-officiers ou fusiliers vétérans, aux invalides, aux sapeurs-pompiers de la ville de Paris, et généralement à tous corps sédentaires ; elles ne sont pareillement pas applicables aux militaires des autres corps qui se trouvent en garnison dans le département de leur domicile.

Art. 22. Sont assimilés aux anciens représentants, les membres de l'ancienne Chambre des Pairs et de l'ancienne Chambre des Députés.

La nomination à la pairie comptera pour une élection et servira à parfaire le nombre de celles qui sont nécessaires pour donner ouverture aux droits résultant des articles 9, 10 et 13.

Les présidents et vice-présidents des anciennes chambres auront les mêmes droits que les anciens présidents et vice-présidents de l'Assemblée nationale.

Art. 23. Les personnes qui ont mérité une mention spéciale pour leur conduite dans les journées de juin 1848 sont assimilées aux chevaliers de la Légion-d'Honneur mentionnés en l'article 8 § 40.

TITRE DEUXIÈME.

DU VOTE ET DES LISTES ÉLECTORALES.

Art. 24. Le scrutin est secret, conformément à l'article 24 de la Constitution ; en conséquence, chaque électeur devra remettre entre les mains du président du collége ou de la section électorale un nombre de bulletins égal au nombre de voix auquel il a droit , lesdits bulletins fermés et pliés séparément. Le président devra , avant de les mettre dans l'urne, les compter et en comparer le nombre avec celui qui sera indiqué sur la liste , ainsi qu'il sera dit plus bas.

Art. 25. Si le nombre des bulletins donnés est supérieur à celui auquel l'électeur a droit , l'excédant sera retranché au choix du votant ; en cas de refus , les derniers comptés seront retranchés par le président.

Si le nombre est inférieur , le votant sera mis en demeure de le compléter; en cas de refus, les bulletins reçus seront mis dans l'urne ; et le membre du bureau chargé, conformément à l'article 49 de la loi du 15 mars 1849 , de constater les votes, indiquera le nombre des bulletins déposés par l'électeur : à défaut d'indication, chaque électeur est réputé avoir déposé le nombre de bulletins auquel il a droit , et compté comme tel lors du relevé des votes.

Art. 26. Les listes dressées conformément aux articles 1 et 2 de la loi du 15 mars 1849, devront contenir en colonnes séparées , les noms des électeurs , leurs prénoms , leur âge , leurs qualités de célibataire , marié ou veuf, de père , père adoptif, ou tuteur, le chiffre de leurs contributions directes , les fonctions ou qualités qui les placent dans les catégories des articles 8 , 9 , 10 , 11 , 12 , 13 , 14 , 15 , 16 , 17 et 18 , et le nombre de voix attribuées à chacun.

Art. 27. Tout citoyen qui réclamera son inscription sur la liste électorale devra faire connaître le nombre de voix auquel il a droit , et envoyer les pièces justificatives ; il en sera de même lorsqu'il réclamera une augmentation dans le nombre des voix qui lui sont attribuées. L'autorité municipale est toujours en droit de faire , de modifier ou supprimer les inscriptions ; sans préjudice du droit d'intervention des tiers.

Art. 28. Tout citoyen qui , par suite de cessation de fonctions, ou autrement, se trouvera avoir droit à un nombre de voix moindre qu'auparavant , devra en donner avis au maire de sa commune , sous peine d'une amende de 50 à 500 francs.

Art. 29. Les officiers et sous-officiers présents sous les drapeaux continueront à voter , conformément à l'article 62 de la loi du 15 mars 1849, sauf ce qui sera dit aux articles suivants.

Chacune des sections formées aux termes dudit article 62, ne contiendra que les officiers ou sous-officiers originaires du même département ; mais elle pourra comprendre ceux de plusieurs garnisons ou résidences dans le même département (1). Dans chacune de ces sections , les bulletins seront recueillis et envoyés, clos et cachetés, au chef-lieu du département pour lequel le vote aura eu lieu, et confondus dans une ou plusieurs sections avec les bulletins des autres élec-teurs.

____

(1) Aux termes de l'art. 62, ces sections doivent être formées dans chaque *localité*, c'est-à-dire, dans chaque ville ; et de fait, des sections particulières s'établissent souvent dans l'intérieur de chaque corps de troupe ; le vote étant restreint aux officiers et sous-officiers, il ne serait plus généralement possible de trouver dans chaque garnison un nombre d'officiers et sous-officiers originaires du même département, pour faire une section électorale. Nous pensons donc , qu'il faut que la section puisse comprendre les militaires de plusieurs garnisons. Quant aux inconvénients qu'il peut en résulter pour le service , on pourra y obvier en ne plaçant pas les diverses sections au même lieu , et en ne les appelant pas le même jour.

Art. 30. Les officiers généraux commandant les divisions ou les subdivisions territoriales et les Préfets maritimes, voteront dans le lieu de leur commandement, quand ils y auront six mois de résidence.

Voteront également dans le lieu de leur résidence, sous la même condition des six mois, les officiers composant les états-majors des divisions et subdivisions territoriales, des préfectures maritimes, des places de guerre, écoles et autres établissements militaires ou maritimes, les officiers d'administration militaire ou maritime, attachés auxdits états-majors ; enfin, les officiers, sous-officiers et soldats des corps sédentaires dont il est question à l'article 21.

Art. 31. Les militaires de tous grades en garnison dans le département de leur domicile, voteront avec les autres citoyens dans la section de leur résidence : en conséquence, dans le cas où ils y seraient arrivés postérieurement à l'époque fixée pour la révision des listes, ils pourront, s'ils ne sont pas portés sur la liste du lieu de leur résidence, réclamer leur inscription sur une liste spéciale ; il suffit que leur réclamation ait lieu quinze jours avant les élections.

Art. 32. L'élection n'est valable et le résultat du scrutin ne peut être proclamé que si la moitié, plus un, des électeurs a participé aux opérations électorales, ou bien si le nombre des suffrages exprimés est égal à la moitié, plus un, du nombre des suffrages afférent à la totalité des électeurs inscrits. Nul ne sera proclamé représentant, s'il n'a réuni la moitié, plus un, des suffrages exprimés.

Dans le cas où il en serait autrement, il sera procédé conformément à l'article suivant.

Art. 33. En cas de vacances par option, démission, décès ou autrement, en cas d'annulation d'élections ou d'élections nulles aux termes de l'article précédent, le collége électoral est réuni dans le délai de six mois.

DISPOSITIONS GÉNÉRALES.

Art. 34. Il sera statué, par décret du président de la République, rendu en forme de règlement d'administration publique :

1° Sur la forme des nouvelles listes et cartes électorales ;

2° Sur les pièces à produire par les citoyens réclamant leur inscription ou des modifications à leur inscription sur les listes électorales, ou par des tiers qui réclameront des modifications quelconques dans les mêmes listes ;

3° Sur la manière de former les sections militaires dans les départements;

4° Sur les listes spéciales dont il est question à l'article 31.

Art. 35. La première révision des listes, qui aura lieu après la première publication de la présente loi, sera faite conformément aux dispositions ci-dessus. Les dispositions de la présente loi ne seront pas applicables aux élections qui auraient lieu avant l'époque où lesdites listes deviendraient obligatoires.

Art. 36. Les dispositions de la loi des 8 et 18 février, 15 et 18 mars 1849, sont maintenues dans toutes les dispositions non contraires à la présente, et continueront à recevoir leur exécution, ainsi que la loi des 29 novembre, 6 et 26 décembre 1849, 1er janvier 1850.

VANNES. —Imp. de J.-M. GALLES.